きみはソーシャル探偵！

子どもと学ぶ
ソーシャルシンキング

[著]
ミシェル・ガルシア・ウィナー／パメラ・クルーク
[絵]
ケリー・ノップ
[訳]
稲田尚子／三宅篤子

金子書房

You Are a Social Detective!
Explaining Social Thinking to Kids

By Michelle Garcia Winner and Pamela Crooke
Copyright ©2008 Think Social Publishing, Inc. San Jose, CA USA
www.socialthinking.com

Michelle Garcia Winner and Pamela Crooke assert the moral right
to be identified as the author of this work.

私たちと一緒に長年取り組んできた
すべてのソーシャル探偵に捧げます。

保護者と専門家の方へ

この本には、ほかの人のものの考え方や気持ちを理解し、場面に応じた適切な行動を導き出すための鍵となる「考え方」が、たくさん書かれています。子どもたちと一緒に何度も繰り返し楽しく読むことができ、そのたびに新たな発見をしたり学びを深めることができるでしょう。この本は3つのパートに分かれています。子どもたちと一緒にそれぞれのパートを読んだら、そこに書かれていることが子どもたち自身の生活にどう生かせるか、話し合ってみてください。

この本は、次の3つのパートに分かれています：

1. **学校得意脳／ソーシャル得意脳**とまわりの人から**期待されている行動**を知ろう…1ページ
2. **期待されていない行動**を知ろう…18ページ
3. **ソーシャル探偵**になろう…32ページ

この本をきっかけにして、子どもたちはきっとソーシャル探偵の才能を開花させていくことができるしょう。その日々の変化をどうか楽しみに見守ってあげてください。

重要なお願い：
"**いやだな／変**" **という考え**については、子どもたちに教える前に必ず、この言葉の使い方に関する留意点（53ページ）を読んでください。大切なのは、子どもたちが自分自身の考え（まわりの人に対する"いいね！""いやだな"などという考え）に気づくことができるようになることです。子どもたちに対して十分に説明することなくこの言葉を使って、彼らの行動のせいでまわりの人に"いやだな"という考えが浮かんでいるなどと言うことは避けてください。

この本は、子どものためだけのものではなく…

この本は、ソーシャル探偵になるにはどうしたらよいかを学んでいる子どもたちだけではなく、ソーシャルシンキングの概念を紹介するための方法の1つとして、保護者、特別支援教育や通常学級の教師、保育士や幼稚園教諭、心理士、その他の医療・保健・福祉・教育関係者の方々にも読んでいただけると幸いです。

この本を読んでいくと、**太字**で強調されている言葉があることに気づかれるでしょう。それは、ソーシャルシンキングのキーワードであり、皆さんに毎日の生活の中でも使っていただきたい言葉です。この本の終わりには、ソーシャルシンキングを身につけるためのグループワークを載せていますが、キーワードはそのグループワークの基礎にもなる重要な用語です。

この本は、子どもたちが一人で読んだり大人と一緒に読んだり、あるいは大人自身が読んだり、いろいろな使い方ができます。この本を通して、多くの方がソーシャルシンキングを楽しく学んでくださることを願っています。

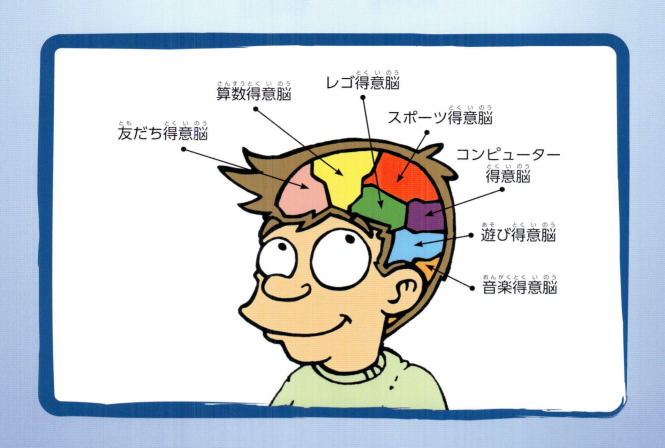

私たちの頭の中には、あらゆる種類の**得意脳**があります。
とても優秀なコンピューター得意脳をもっている人もいれば、
音楽得意脳、スポーツ得意脳、算数得意脳が
すぐれている人もいます。
すばらしいレゴ得意脳をもっている人だっています！

学校では**学校得意脳**を使っていることは誰でも知っています。
でも、**ソーシャル得意脳**も使っていることを
知っていましたか？

誰かといっしょにいるときはいつでも、
ソーシャル得意脳を使っているのです。

ソーシャル得意脳を使うと、
たとえば、学校で勉強をしているときでさえ、
まわりの人は私たちのことを考えていて、
また、私たちもまわりの人たちのことを考えている、
ということがわかります。

私たちは、教室にいるときだけでなく、
あらゆる場所で**ソーシャル得意脳**を使います。
人はどこにいても、まわりの人のことを考えています。

ソーシャル得意脳を使うと、人は相手がどう行動するかを考えるものだということに気がつきます。
私たちは、そのときいる場所と
そこで期待されている行動をもとに、
自分がどう行動するべきかを考え出しているのです。

では、人が**期待されている行動**をしているかどうかを考えてみましょう。

たとえば、まわりの人の脳と体が集団に参加しているかどうかに注目してみます。

体が集団に参加しているときには、
まわりの人にさわらない程度に
体を近づけた状態でいます。

脳が集団に参加しているときには、自分の目を使って
その集団にいる先生や子どもたちをよく見ます。
こうすることで、自分が集団の中で起きていることを
考えているのだと、まわりの人に知らせることができます。
自分の目を使って考えることで、
期待されている行動がどんな行動なのかがわかるようになります。

ソーシャル得意脳を使うと、
たとえば、休み時間に校庭にいるときに期待されている行動は、
ほかの人と仲よく遊ぶことだということがわかります。
仲よく遊ぶというのは、
おたがいにやさしい言葉をかけたり、
ほかの人と順番を交替したり、
自分以外の人が勝っても落ち着いていられるという意味です。

教室でのグループ学習の時間に**期待されている行動**は、グループになって座り、**目と脳を使って人の話を聞いて**、先生に言われたことをすることです。

夜、寝る前の時間に**期待されている行動**は、
お母さんやお父さんに「寝る時間だよ」と言われたら、
歯をみがき、パジャマを着て、ベッドや布団に入ることです。

いつ、どこにいても、私たちが**期待されている行動**をすると、まわりの人には私たちについて
"いいね！"という考えが浮かびます。

私たちについて"いいね！"という考えが
まわりの人に浮かぶと、私たちはいい気分になり、
まわりの人もまた、私たちのことでいい気分になります。

人はいい気分になると、表情がおだやかになり、
声もやさしくなり、体が落ち着きます。
おだやかな気分になると、さらにリラックスします。

ある子がいい気分になると、
みんなもその子といっしょにいることが楽しくなります。
その子といっしょに遊んだり
いっしょに何かをしたいと感じます。

人からやさしくしてもらったら
誰だってうれしいものです。

でも……

ときには、**期待されている行動**をしない人もいます！
つまり、**期待されていない行動**をする、ということです。

ここでは、人が**期待されていない行動**を
しているかどうかを考えてみましょう。
たとえば、人の**脳や体が集団に参加していない**ときに
注目してみます。
つまり、自分がしていることに夢中になって、
まわりの人のことを見たり考えたりしていないときです。

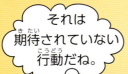

体が集団に参加していないときには、
集団からはなれてうろうろしていたり、
やたらに近くに立ったり座ったりして、
まわりの人たちを困らせます。

脳が**集団に参加していない**ときには、
その集団にいる先生や子どもたちのことについて、
自分の目を使って考えることはありません。
そのかわり、よそ見をしたり別のことを考えたりします。

校庭で遊んでいるとき、
人にいやな言葉を言ったり、順番を交替しなかったり、
自分以外の人が勝ったときにひどく怒ったりします。
これは**期待されていない行動**です。

教室でのグループ活動の時間に、
人の話を聞かず、先生に注目せずに、
ただ自分がやりたいことをやっているとしたら、
それは**期待されていない行動**です。

夜、お母さんやお父さんから
「寝る時間だよ」と言われたのに
言うとおりにしなかったら、
それは**期待されていない行動**です。

いつ、どこにいても、誰かが**期待されていない行動**をすると、
まわりの人にはその人について
"いやだな" という考えが浮かびます。

私たちについて"いやだな"という考えが
まわりの人に浮かぶと、
私たちは自分のことでいやな気分になり、
まわりの人も私たちのことでいやな気分になります。

人がいやな気分でいるときには、まわりの人からは、
誰とも仲よくしたくなさそうに見えるかもしれません。
感じの悪い声で話したり、
怒った顔をしているかもしれません。体はこわばります。
つまり、イライラしているということです。

誰だって、"いやだな"という考えが浮かぶと、
楽しくないと感じるようになるものです。
そして、自分をそんな気持ちにさせる子とは、
いっしょに遊んだり、いっしょに何かをしたいと
思わないかもしれません。

期待されていない行動をする人とは、
誰もいっしょにいたがりません。

いっしょにいると、みんないやな気分になるからです。

だから……どこで遊んでいても、
どこで勉強していても、どこに出かけても、
期待されている行動とはどんな行動なのかを考え出すために、
私たちは**ソーシャル得意脳**を使わなければならないのです。

思い出してください……
ソーシャル得意脳は、
誰の脳の中にもあるということを。

ソーシャル得意脳をうまく使うとき、
私たちはソーシャル探偵になります。

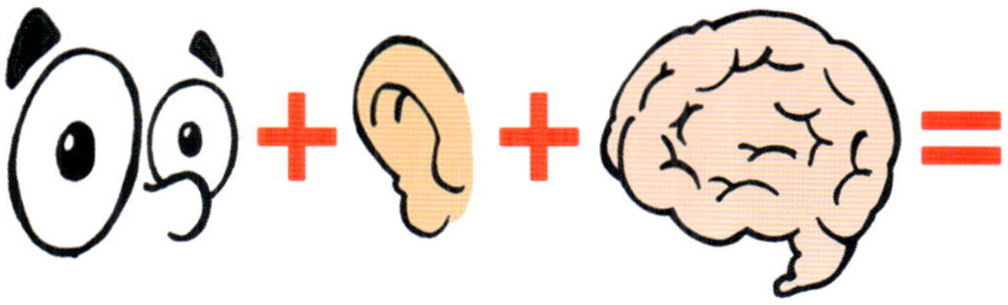

目 + 耳 + 脳 = 期待されている行動
と
次に起きそうなこと

ソーシャル探偵は、
目と耳といっしょに、脳の中にある知識を使って、
期待されている行動だけでなく、
次に起きそうなことまでも考え出します。

自分自身の目を使って、
私たちは人が感じていること、考えていること、
次にしようとしていることを考え出すことができます。

自分自身の耳を使って、
私たちは人が感じていること、考えていること、
次にしようとしていることを考え出すことができます。

自分自身の目と耳で集めた考えをいっしょにして
脳の中をかけめぐらせると……

じゃじゃーん !!!

いつ、どこにいても、自分がどのように行動するべきかを
考え出すことができます。

ソーシャル探偵は、これを**賢い推測**と呼んでいます。

賢い推測とは、**ソーシャル探偵**の重要アイテム（見ていること、聞いていること、知っていること、感じていること）すべてを使って、まわりの人の感情、考え、自分がとるべき行動などを理解することです。

この絵を見て、**ソーシャル探偵**のアイテムボックスの中から、男の子が使おうとしているアイテムをみつけましょう。
あなたも**ソーシャル探偵**の重要アイテムをもっていますか？

私たちはいつでも**賢い推測**をします。
つまり、教室の中や校庭にいるとき、
そして家族といっしょにいるときなど、いつでもです。

まわりの人も私たちについて**賢い推測**をします！
私たちが感じていることや考えていることを
みつけ出そうとします。
たとえば、もし私たちが自分の目を使って
本だけを見ていたとします。
私たちがまわりの人のことを気にしていないので、
ほかの人たちは**賢い推測**をして、自分たちとは
仲よくしたくなさそうだと思うかもしれません。

まわりの人があなたについて賢い推測をするとしたら、
どんな推測をしてほしいですか？

もしソーシャル探偵の重要アイテムを使うのを忘れたら……
おっと……私たちはまちがった推測をしてしまうかもしれません。

目を使わない＋耳を使わない＋知っていることについて考えない

＝まちがった推測。

この絵を見てください。
この男の子は何を使い忘れているかわかりますか？
それによって、男の子はまわりの人について
どう考えるようになってしまうでしょうか？

たとえば、
あなたが私のことをまったく知らないのに、
私について何か話そうとするときには、
まちがった推測をしてしまうかもしれません。

まわりの人がどんな話をしたいと思っているか、
あるいは、何をして遊びたいと思っているかを、
あなたが考え出すとします。
あなたが使うソーシャル探偵の重要アイテムは何ですか？
それらのアイテムを使うと、どんな人がすてきな人だと
思われているのかがわかるようになります。

安心していっしょに遊ぶことができない人や
話さないほうがいい人を見わけるために、
あなたが使うソーシャル探偵の重要アイテムは何ですか？
注意：あなたをいやな気分にさせるようなことを
　　　言ったり、したりする人は、
　　　安心していっしょにいられる人ではありません。

ソーシャル探偵になると、
ソーシャル得意脳を成長させていくことができます。
こうして、私たちは時間をかけて、
よりすぐれたソーシャルシンカーになっていくのです。

＊ソーシャル得意脳を使って、ものごとを理解しようとするとき、
　私たちは頭の中でソーシャルシンキングを行っています。
　そして、ソーシャルシンキングを行うとき、
　私たちはソーシャルシンカーになります。

すぐれた**ソーシャルシンカー**になると、
集団や教室の中、校庭などあらゆる場所で、
どう行動するべきかがわかるようになります。

あなたは毎日いつでも**ソーシャル探偵**になって、
ソーシャル得意脳をどんどん成長させていくことができますか？

算数の授業中や列に並んでいるときに
どんなふうに**ソーシャルシンキング**するのか、
例をあげてみてください。

ソーシャルシンカーが成長して、
すぐれた**ソーシャルシンカー**になると、
たとえば、お母さん、お父さん、学校の先生、
そのほかのはたらく大人として、会社や家でまわりの人といっしょに
うまく行動することができるようになります。
大人が**ソーシャルシンキング**のための重要アイテムを
どのように使うのか、ほかにも例をあげることができますか？

さあ、これからあなたは**ソーシャル探偵**になることができます。
あなたがいつでも**ソーシャル得意脳**を使い続ければ、
まわりにいる人は気分よく過ごすことができます!!

ソーシャルシンキングのキーワード

保護者と専門家の方へ

子どもたちと一緒に毎日いつでもこのキーワードを使っていただければ幸いです。

保護者と専門家の方への留意点：
これから紹介するソーシャルシンキングのキーワードとグループワークは、対人的な情報や他者から期待されている行動について、子どもたちがより明確に理解するのに役立つ、補足的な対人的カリキュラムの一部です。カリキュラムに関する詳しい情報を知りたい方は、www.socialthinking.com のウェブサイトをご覧ください（注：英語ページのみ）。

ソーシャルシンキングのキーワードの定義
"Think Social! A Social Thinking Curriculum for School-Age Students"(Winner, 2005) より

ソーシャル得意脳：自分のまわりに人がいるときにはいつでも使う"得意脳"の種類の１つです。ソーシャル得意脳を使うと、まわりの人が私たちについて考えているということ、私たちもまたまわりの人について考えているということがわかります。学校や家など、いつ、どこにいてもソーシャル得意脳を使います。

学校得意脳：別の種類の"得意脳"で、学校で勉強するときに使うものです。ほかにも、算数得意脳、コンピューター得意脳、音楽得意脳、理科得意脳など、たくさんの種類があります。

集団に参加している体：もしまわりにいる人が、あなたを集団の一部だと感じたら、あなたの体は集団に参加していることになります。例えば、あなたが立っているのであれば、となりや前後にいる人から腕１本分の長さだけ体を離した状態でいる場合に、集団に参加していることになります。その集団にいるほかの人に対して、体を前に向けるようにします。

集団に参加している脳：もしまわりにいる人が、あなたが集団の中で起きていることに注意を払っていると感じたら、あなたの脳は集団に参加していることになります。例えば、自分自身の目を使ってまわりの人のことを考えたり、自分自身の耳を使ってまわりの人が話していることを聞いているときのことです。

自分の目を使って考える：自分自身の目を使って人を見ることです。それによってまわりの人は、あなたがその人のしていることや言っていることについて考えていると感じます。

期待されている行動：私たちがすることや言うことの中で、私たちについて"いいね！"という考えをまわりの人に抱かせ、人をいい気分にさせるようなことです。期待されている行動がどんな行動であるかは、私たちがいつ、どこに、誰と一緒にいるかによって変わります。

期待されていない行動：私たちがすることや言うことの中で、私たちについて"いやだな／変"という考えをまわりの人に抱かせ、人をいやな気分にさせたり、怒らせたり、行儀が悪いと感じさせたりするようなことです。期待されていない行動がどんな行動であるかは、私たちがいつ、どこに、誰と一緒にいるかによって変わります。

ソーシャル探偵：私たちはみんな一人ひとりがソーシャル探偵です。まわりの人がこれからしようと思っていることや今していること、また、まわりの人の言葉や行動が意味していることを、自分自身の目、耳、脳を使って考え出そうとするとき、すぐれたソーシャル探偵になることができます。

"いいね！／OK／大丈夫"という考え：まわりの人には、私たちの行動や言葉に基づいて、私たちについて何らかの考えが浮かびます。私たちについて"いいね！／大丈夫"という考えがまわりの人に浮かぶということは、私たちはそのとき、その人の前でどのように行動すべきかを理解しているということを意味します。私たちについて"いいね！"という考えがまわりの人に浮かぶときは、まわりの人はいい気分になり、私たちといるとどんな気分になるか覚えていてくれることもあります。

"いやだな／変"という考え：ある人に対し、その人の行動、言葉、態度に基づいて、"いやだな／変"という考えが私たちに浮かぶことがあります。また、私たちについて"いやだな／変"という考えがまわりの人に浮かぶこともあります。私たちに"いやだな／変"という考えが浮かぶような行動をほかの人がしたときに、私たちはその人に（悪い意味で）注目します。同じように、私たちについて"いやだな／変"という考えがまわりの人に浮かぶということは、まわりの人が（悪い意味で）注目するような行動を私たちがしたということなのです。

このキーワードに関する留意点：このキーワードとその概念を子どもに説明するとき、"いやだな／変"という考えがまわりの人に浮かんでいるということを単に伝えるだけでは、支援の方法としては不適切です。そうではなく、私たちがまわりの人に対して、"いいね！"という考えや"いやだな"という考えをどのようにして抱くのか、また、それがどのようにいやな気分に変わり、その人とのかかわりに影響するのかということを教える際にこの概念を用いていただきたいのです！　この概念を教えるにあたって、「人は、あなたに対してだけでなく、自分のまわりのあらゆる人（大人も含めて）に対して"いやだな／変"という考えが浮かぶことがあるのだ」と、子どもに理解してもらう必要があります。このキーワードを使う際、**子ども自身のことが"いやだな／変"とは決して言わないようにしてください**。人に対して"いやだな／変"という考えが浮かぶことと、誰かを"いやだな／変"と言うことは、まったく違うことだということを説明してください。**決して、支援に使うためのキーワードで子どもを呼ばないでください**（例："いやな子"や"変な子"と呼ばない）。もしそんなことをすれば、その子を支援するどころか、むしろ、その言葉でその子を傷つけていることになるからです。

賢い推測：私たちがソーシャル探偵の重要アイテム（見ていること、聞いていること、知っていること、覚えていること、感じていること）のすべてを使ってものごとを理解すること、そしてその理解に基づいて推測をすることです。例えば、学校の先生は、教室の中で私たちが"賢い推測"をすることを期待しています。先生がいったん情報を伝えたら、私たちはその情報を使って、ほかに必要なことや次に起きそうなことを推測することが期待されているのです。賢い推測によって考え出された行動は"期待されている行動"であり、私たちについて"いいね！"という考えをまわりの人に抱かせるものです。まわりの人には、私たちがものごとを理解しようとしていることがわかります。

まちがった推測：私たちがソーシャル探偵の重要アイテム（見ていること、聞いていること、知っていること、覚えていること、感じていること）を使うのを忘れたり、あるいは使わずに、ものごとを理解しようとしてしまうことです。代わりに、私たちはまったく情報がない状態で、あてずっぽうに推測をすることになります。例えば、学校の先生は、私たちが教室で勉強しているときや、校庭で友達と遊んでいるときに、"まちがった推測"をしてほしいとは思っていません。まちがった推測によって考え出された行動は"期待されていない行動"であり、私たちについて"いやだな"という考えをまわりの人に抱かせるものです。

ソーシャル探偵の重要アイテム：どこにいるか、誰と一緒にいるかに基づいて、どう行動すべきかを考え出すために役立ち、いつでも使うことができるソーシャル探偵の重要アイテムは、私たちの誰もが持っています。なかでも必須のアイテムは、目、耳、脳、そしてもちろん、まわりの人の感情を理解することです（人に感情があることをハートの絵を使って表すこともあります）。

ソーシャルシンカー：私たちは一人ひとりが"ソーシャルシンカー"なのです。まわりに人がいるときにはいつでもそうです。つまり私たちは、まわりに人がいること、そして、自分の行動のひとつひとつがその人たちに何かしらの考えを抱かせているということを、たえず意識しているのです。まわりの人が私たちと話したり遊んだりしていないときでも、私たちはソーシャルシンカーです。教室の中では、誰もがつねにソーシャルシンカーでいることを求められます。例えば、順番で誰かほかの人が発表したり、自分が考えていた答えをほかの人に言われたりしてもがまんできるということです。ソーシャルシンカーは、教室での授業中には、子どもどうしが同じことを考えてしまうのはよくあることだということを知っているのです。誰もが、もっとすぐれたソーシャルシンカーになるために、一生かけて学んでいるのです！

すべては、ソーシャル得意脳と呼ばれる領域を脳の中で育てていくことから始まります。ソーシャル探偵の重要アイテムを使うことによって、ソーシャル得意脳を大きくしていくことができます。使えば使うほど、ソーシャル得意脳はより大きく成長していきます。そして、私たちはすぐれたソーシャルシンカーになることができるのです！

ソーシャルシンキングを身につけるための
３つのグループワーク

ほかのグループワークにも興味がある方は、以下をご覧ください。

"Think Social! A Social Thinking Curriculum for School-Age Students" (Winner, 2005)

www.socialthinking.com（英語ページのみ）

グループワーク１：集団の中で期待されている行動と期待されていない行動を考えてみよう！

"Think Social!" Curriculum(Winner, 2005) より

重要キーワード

集団の中で期待されている行動をする

集団の中で期待されていない行動をする

"あなたは私の気分を変えることができる"

道具・教材

さまざまな表情が描かれているポスター（必要に応じて）

皆で集まって座れるような正方形のカーペットや椅子

やってみましょう

◎子どもたちが１か所に集まったら（床の上に輪になって座る、あるいは１つのテーブルを囲んで椅子に座る）、あなたはほかの人に対していくつかの変な行動、つまり"期待されていない行動"をします（例：床の上に寝そべる、体の向きを変えて集団に背を向ける、部屋の隅に立って話をする）。

◎子どもたちに、本当の意味で集団に参加するとはどういうことかを説明します。その際、自分は集団に参加することをただ教えているだけで、変な行動はまったくしていないかのようにふるまいます。

◎子どもたちの反応を観察しながら、"期待されていない行動"を続けます。子どもたちが怪訝そうな顔をしていても、気にせず続けます。

◎数分後、子どもたちに、あなたの行動について何かまちがっていたり変だと考えたかどうかを尋ねます。あなたが期待されていない行動をしていたときに、子どもたちがどう"感じた"のかを話してもらいます。

◎ホワイトボードに、２マスの表を書き、左側の欄には、「集団の中で期待されている行動」と書き（にっこり笑っている顔も描く）、もう一方の右側の欄には、「集団の中で期待されていない行動」と書きます（悲しい表情の顔も描く）。この表を使うと、たいてい話し合いが盛り上がります！

◎子どものフィードバックや感想をもとに、床の上に寝そべるなど、教室の中で期待されていない行動の例を表の右側の欄に書きます。

◎教室の中で期待されている行動の例を表の左側の欄に書きます。

◎あなたが期待されていない行動をしていたときに、子どもたちがどのように感じたかを話し合います。話し合いを促すために、"表情"ポスターを使ったり、"いやだな"などのキーワードを教えたほうがよい場合もあります。次に、あなたが期待されている行動をしていたときに、子どもたちがどのように感じたか（例：落ち着いている、OK、快適だ、大丈夫）を話し合います。その後、あなたがどのような行動をしたことで、子どもたちの気分がどのように変わったかについて話し合います。人の行動が、どのようにまわりの人の気分に影響を与えるかということと、私たちがどのように行動を変えれば、まわりの人が私たちに対して抱く考えや気分をどのように変えることができるかということを話し合います。

◎子どもたちが集団の中で、自分の目、頭、肩、手、足、口をどうしておくことが求められているか（期待されているか）について話し合います。

◎集団に参加するということについてどの程度わかっているか、また、集団に参加しているとき、まわりの子どもたちをいい気分、あるいはいやな気分にさせることについて、"ソーシャル得意脳"をどのように使えば考え出すことができるかを教えてくれた子どもたちにお礼を言います。

＊この"期待されている行動""期待されていない行動"という中核的な概念は非常に重要であり、ソーシャルシンキングのグループワークの多くは、この概念が基盤になっています。

グループワーク２：自分の目を使って考えてみよう！

"*Think Social!*" Curriculum(Winner, 2005) より

重要キーワード

自分の目を使って考える

まわりの人が何を考えているかを考える

道具・教材

特になし

やってみましょう

◎子どもたちに目を閉じてもらい、実際に見ないと意味が分からないような指示や質問（例：「あっちを見て壁に何が貼ってあるか教えて」、「あれは誰？」など）をします。

◎今の質問で、あなたが何のこと、あるいは誰のことを言っているのか子どもたちに尋ねます。

◎子どもたちに、どうして答えることができないのか説明するように促します。

◎子どもたちがあなたの指示を理解したり、質問に答えることができないのは、あなたが何のこと、あるいは誰のことを言っているのかが見えていないからだということを、子どもたちが理解できるようにします。

◎この説明をしている間も、子どもたちには目を閉じたままにしてもらいます。

◎子どもたちに目を開けてもらい、"自分の目で考える"というキーワードを伝えます。

◎部屋の中や教室の中にあるものについて、どのように目を使って考えるのかを話し合います。

◎子どもたちに、もし"自分の目を使って考え"たら、"まわりの人が考えていることについて理解することができる"という考えについて説明します。

◎視線の先に注目することによって、あなたが見ているものをあてる推理ゲームをして遊びます。その後、あなたが見ているものに注目することによって、あなたが考えていることをあてる推理ゲームをして遊びます。最初はあなたのすぐ近くにあるものを見ることから始めるとよいでしょう（例：腕時計を見る、子どもをまっすぐ見る）。

グループワーク３：ソーシャル探偵になって考えてみよう！

"*Think Social!*" Curriculum(Winner, 2005) より

重要キーワード

ソーシャル探偵になる

しっかり観察して、まわりの人の計画をみつけ出す

まわりの人の行動を観察して、その人の計画を読み解く

道具・教材

特になし

やってみましょう

◎ソーシャル探偵の仕事について意見を出し合います。また、ソーシャル探偵は、まわりの人がしていること、感じていること、次にしようとしていることを考え出すために、人をよく観察しなければならないということを子どもたちが理解できるようにします。

◎この話し合いをしている間、子どもたちに、まわりの人の動機／意図について考えてもらいます。

◎"私の計画が分かる？"というゲームをします。

◎子どもたちに、「これから"ソーシャル探偵"になってもらいますが、その仕事は私が次に何をしようとしているのかをみつけ出すことです」と説明します。

◎子どもたちに、「目を使って考えるといいですよ。私が次に何をしようと考えているか、みつけ出してみてください」と言います。

◎誰かが何かをしようとしているとき、その計画をみつけ出すためには、自分自身の目、耳、脳を使って"賢い推測"をするとよいことを、子どもたちに伝えます。

◎最初はペンに手を伸ばしたり、ドアノブに手を伸ばすなど、目的がかなり明白な動作から始めます。ただし、ペンやドアノブなど、ものに触る寸前にその動きを止めて、**少し待ちます**。その姿勢のまま、あなたが何をしようとしていたのかをあてることができるか、子どもたちに確かめます。ほとんどの子どもはあてることができるでしょう。子どもたちに"ソーシャル得意脳"をうまく使うことができて素晴らしいと伝えるとともに、こうやってすぐれた"ソーシャルシンカー"になっていくのだということを、子どもたちが理解できるようにします。

◎子どもの一人と役割を交替します。何かしらの動作をしてもらいますが、その動作をする寸前に身体の動きを止めて、少し待ってもらいます。このゲームは、まわりの人をだますことではなく、チームワークを働かせることが大切であると、子どもたちが理解できるようにします。

◎相手がやろうとしていることを、自分自身の目、耳、脳を使ってみつけ出すことができるというポイントを子どもたちがいったんつかんだら、みんなで積木を積む、レゴで何かを作る、パズルを完成させるなどのより難しいゲームに挑戦してみます（詳しくは"Think Social!" Curriculum [Winner, 2005] を参照）。その後、子どもたちに、まわりの人が何をやろうとしているかだけではなく、やっていることに対して**どう感じている**かについても、自分自身の目、耳、脳を使ってみつけ出すことができることを説明します。

◎学校の先生であれば、これらの概念を細かく分けて、クラスでの話し合いのテーマとして取り上げ、子どもたちに対人的な行動をスモールステップで理解してもらおうと考えるでしょう。対人的な行動は、学級経営を行ううえでとても重要です！　以前は、私たちは対人的な行動について話し合うための"言葉"をほとんど持っていませんでした。そのため、私たちは、子どもたちの行動にただ期待することしかできなかったのです！　ですが、今では子どもたちと対人的な行動について話し合うための手段を手に入れています。あなた自身の創造力を大いに発揮して、このプロセスを進めてください。

ソーシャルシンキングのグループワークについてさらに知りたい方は、"Think Social! A Social Thinking Curriculum for School-Age Children"（Winner, 2005）（日本語は未公刊）をご活用ください。また、ソーシャルシンキングの中核的な概念は、"Thinking about YOU Thinking about ME, 2nd Edition"（Winner, 2007）（日本語版は2017年刊行予定）の本の中で紹介されています。

訳者あとがき

　本書は、"You Are a Social Detective! Explaining Social Thinking to Kids" の邦訳書です。前半は、ソーシャルシンキングを説明するストーリー、後半は、ソーシャルシンキングの重要キーワード一覧と３つのグループワークから構成されています。グループワークは、重要キーワードを用いながら、ゲーム感覚で楽しくソーシャルシンキングを学んでいくためのアクティビティで、集団だけでなく個別での実施も可能です。前半のストーリーを読むだけでなく、後半の重要キーワード一覧やグループワークを活用することにより、子どもたちが毎日の生活の中でソーシャルシンキングを身につけていくためのきっかけを作ることができるでしょう。

　ソーシャルシンキングと私たちの最初の出会いは、2014 年の春に米国アリゾナ州の小学校の特別支援学級を見学したときでした。クラス内には、ソーシャルシンキングの絵本教材やポスターが数多く配置され、実際に授業の中でそれらを用いてソーシャルシンキングの指導が行われていました。本書は、そのときにソーシャルシンキングの最も中核的な教材として、知り合いの学校コンサルタントに推薦してもらったものです。ソーシャルシンキングは、対人関係に困難を抱える人々に対する認知行動論的アプローチであり、思考、感情、行動の関係を理解し、自己と他者への認知を促し、文脈に応じた行動を自分で考え出すための枠組みです。私たちが出会ったのは、行動面に焦点を当てた従来のソーシャルスキルトレーニングだけではカバーすることが難しいとされながらも、個人の適応を促すために必要とされる側面にアプローチするための具体的な方法でした。その後、同年秋にノースカロライナ州の小中高等学校を訪問した際に、各校にソーシャルシンキングが導入されているのを目の当たりにし、大きな衝撃を受けました。ソーシャルシンキングの重要性はすでに理解していたものの、それが全米各地の教育、支援現場で使用されている必須のメソドロジーであることをはっきりと認識したからです。そして、二人とも、ソーシャルシンキングを早く日本の子どもたちや支援者に紹介したいと強く思いました。こうして私たちは本書の翻訳に取り掛かったのです。

　開発者のミシェル・ガルシア・ウィナー先生には、2015 年の春にソーシャルシンキングの研修会にそれぞれ参加した際に初めてお会いすることができました。本書が日本語に翻訳されるにあたり何か心配なことがあるかとお尋ねしたところ、ミシェルは「ソーシャルシンキングのコンセプトが正しく伝わるようにしてほしい」とおっしゃっていました。翻訳の際には、コンセプトはもちろんのこと、原文や語句の選び方など本の随所に、対人的困難を抱える子どもとその家族を最優先に考えるというミシェルの理念をひしひしと感じました。そして、そのミシェルの愛情、配慮、慎重さを十分に汲み取った訳になるように尽力したつもりです。本書が、子どもたちが楽しくソーシャルシンキングを学んでいくための第一歩になることを祈っています。また、本書に続き、ソーシャルシンキングのコンセプトを学ぶための中核的なガイドブックである

"*Thinking about YOU Thinking about ME Second Edition*"（Winner, 2007）の邦訳書が金子書房より2017年に上梓される予定です。私たちも今後ますますソーシャルシンキングについて学びを深めるとともに、関連するガイドブック、絵本教材なども日本に紹介していきたいと思っています。

　最後に、本書の出版にあたり、以下の方々にお礼を述べさせていただきます。まずは、アリゾナで、ソーシャルシンキングと本書を紹介してくれた親愛なる学校コンサルタントのスワニー・クリスジャンソン氏に深く感謝申し上げます。一部の訳語に迷いあぐねてご相談させていただいた際、素晴らしい訳語をご示唆くださった黒田美保氏（福島大学）、萩原拓氏（北海道教育大学）に厚く御礼申し上げます。また、原著出版元である Think Social Publishing 社と粘り強く交渉していただき、原文の表現に込められた原著者の意図を汲み取り、かつ日本語らしい表現になるように、訳文を一緒に丁寧にご検討くださった担当・天満綾氏に心より感謝申し上げます。

2016 年 3 月
稲田尚子
三宅篤子

[著者]

ミシェル・ガルシア・ウィナー（Michelle Garcia Winner, M.S.）：認定言語療法士

パメラ・クルーク（Pamela Crooke, Ph.D.）：認定言語療法士

ミシェルは、米国カリフォルニア州サンノゼにある「ソーシャルシンキングセンター」の創始者兼CEO。言語療法士として、対人認知に困難を抱える子どもたちへの介入・支援を専門に行っている。1990年代半ばに"ソーシャルシンキング"という用語を考え出した。ミシェルが考案したソーシャルシンキングの枠組みは、今日では理論、キーワード、カリキュラム、方略を包括するものとなり、対人認知の学習に困難を抱える人々の支援に活用されている。パメラは、ソーシャルシンキングセンターの上級セラピストであり、ミシェルと共著で、ソーシャルシンキングに関する本を他にも多数執筆している。二人とも、子どもから大人まで幅広い年齢層を対象とした支援および家族・学校へのコンサルテーションを行っている。また、ソーシャルシンキングの普及に向けて世界中で講演活動も行っている。

[イラストレーター]

ケリー・ノップ（Kelly Knopp）：イラストレーター兼グラフィックデザイナー

米国アイダホ州ボイズ在住。本職はグラフィックデザイナーだが、子どもの頃からずっと絵を描き続けており、挿画も得意である。

[訳者]

稲田尚子（いなだ なおこ）：日本学術振興会特別研究員（RPD）／東京大学大学院教育学研究科

臨床心理士。心理学博士。東京女子大学文理学部心理学科卒業。九州大学人間環境学府人間共生システム専攻心理臨床学コース博士後期課程単位取得退学。国立精神・神経医療研究センター精神保健研究所児童・思春期精神保健研究部研究員、東京大学医学部附属病院こころの発達診療部臨床心理士、東京大学大学院教育学研究科教育学研究員をへて，2016年より現職。Southwest Autism Research & Resource Center 客員研究員。自閉症スペクトラム障害のアセスメントとして世界的に評価の高い『ADOS-2 日本語版』『ADI-R 日本語版』『SCQ 日本語版』（金子書房）の監修・監訳に携わる。『発達障害の早期発見・早期療育・親支援』『これからの発達障害のアセスメント』『発達障害のある子の自立に向けた支援』（分担執筆、金子書房）などの著書がある。

三宅篤子（みやけ あつこ）：国立精神・神経医療研究センター精神保健研究所児童・思春期精神保健研究部客員研究員

臨床発達心理士（スーパーヴァイザー）。東京大学教育学部卒業、同大学院教育学研究科教育心理学専門課程博士後期課程修了。横浜市リハビリテーションセンター設立準備室を経て横浜市総合リハビリテーションセンター臨床心理士、戸塚地域療育センター通園園長、横浜市中山みどり園副園長を歴任。アメリカノースカロライナ大学医学部 TEACCH 部ウィルミントン TEACCH センター留学、帝京平成大学現代ライフ学部児童学科教授を経て、2011年より現職。淑徳大学総合福祉学部兼任講師。日本発達心理学会理事。『知っておきたい発達障害のアセスメント』『知っておきたい発達障害の療育』（共編著、ミネルヴァ書房）、『これからの発達障害のアセスメント』（分担執筆、金子書房）などの著書がある。

きみはソーシャル探偵！
子どもと学ぶソーシャルシンキング

2016 年 4 月 21 日　初版第 1 刷発行　　　　　〔検印省略〕

著　者　　ミシェル・ガルシア・ウィナー
　　　　　パメラ・クルーク

絵　　　　ケリー・ノップ

訳　者　　稲田尚子
　　　　　三宅篤子

発行者　　金子紀子

発行所　　株式会社 金子書房
　　　　　〒 112-0012　東京都文京区大塚 3-3-7
　　　　　TEL　03 (3941) 0111 (代)
　　　　　FAX　03 (3941) 0163
　　　　　http://www.kanekoshobo.co.jp
　　　　　振替　00180-9-103376

印刷・藤原印刷株式会社　　製本・株式会社三水舎

©Kanekoshobo, 2016　Printed in Japan
ISBN 978-4-7608-2404-5 C3037